A is for _____

Drawn By:_____

B is for _____

Drawn By:_____

C is for _____

Drawn By:_____

D is for _____

Drawn By:_____

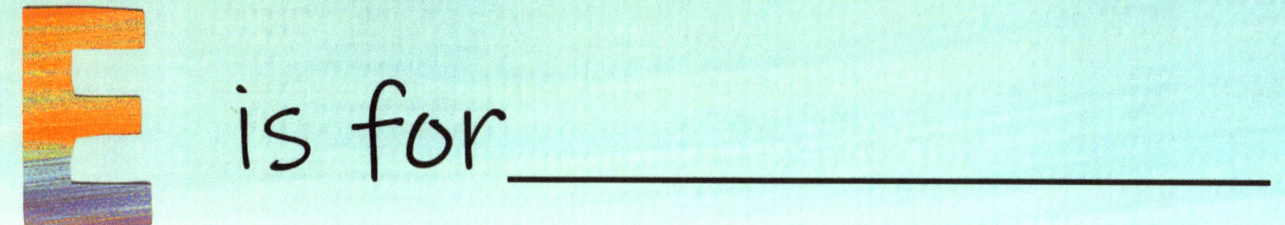 is for_____

Drawn By:_____

F is for_____

Drawn By:_____

G is for_____

Drawn By:_____

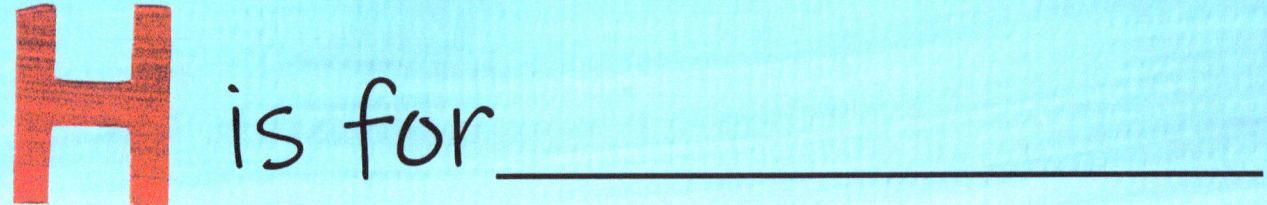

Drawn By:_____

I is for _____

Drawn By:_____

J is for _____

Drawn By:_____

K is for _____

Drawn By:_____

L is for_____

Drawn By:_____

M is for _____

Drawn By:_____

N is for_____

Drawn By:_____

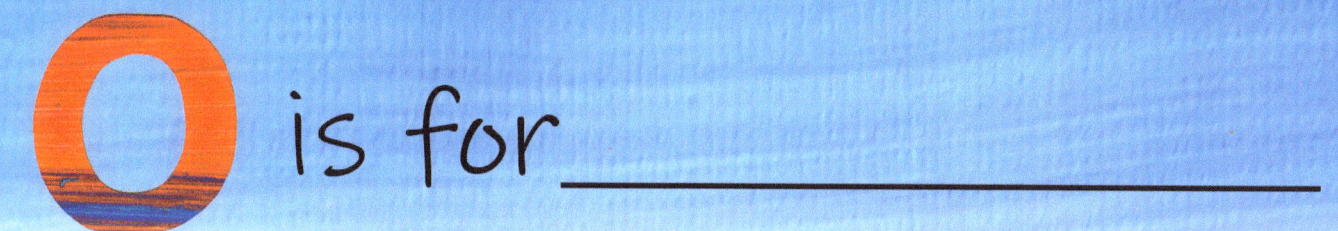 is for_____

Drawn By:_____

P is for _____

Drawn By: _____

Q is for_____

Drawn By:_____

R is for _____

Drawn By:_____

S is for_____

Drawn By:_____

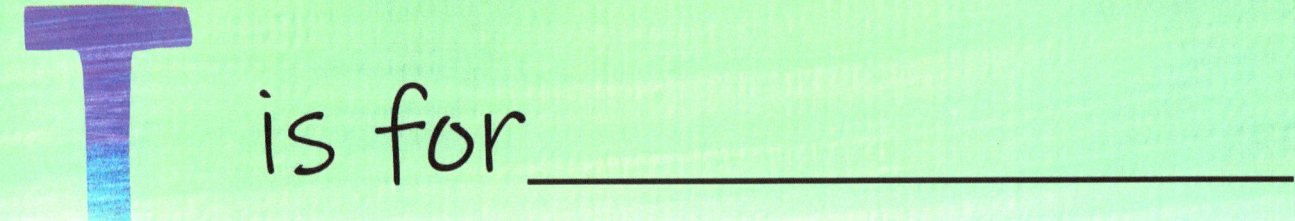 is for_____

Drawn By:_____

U is for_____

Drawn By:_____

V is for _____

Drawn By: _____

W is for_____

Drawn By:_____

X is for_____

Drawn By:_____

Y is for _____

Drawn By:_____

Z is for _____

Drawn By:_____

Aa Bb Cc Dd
Ee Ff Gg Hh Ii
Jj Kk Ll Mm
Nn Oo Pp Qq
Rr Ss Tt Uu Vv
Ww Xx Yy Zz

©2018 by Sara Ann Hofferd
All rights reserved
For personal use only
Not for resale
Deigned by Fulmine Designs
www.sarahofferd.com

www.ingramcontent.com/pod-product-compliance
Lightning Source LLC
Chambersburg PA
CBHW041235040426

42444CB00003B/178